LES FAINEANTS

ou

LA GÉNÉRATION ACTUELLE

LES

FAINÉANTS

ou

LA GÉNÉRATION ACTUELLE

Uno avulso... deficit alier.

<hr>

PARIS

JULES LAISNÉ FILS, LIBRAIRE,

5 ET 7, GALERIE VIVIENNE.

1868

PRÉFACE

L'année 1867 a été marquée par plusieurs faits extraordinaires. Le plus significatif de tous, fut la lettre impériale du 19 janvier. L'Empereur avait compris qu'il fallait une compensation à la nation, blessée par les événements accomplis en Allemagne.

On crut un instant que ces déclarations libérales amèneraient une modification sérieuse dans le ministère; il n'en fut rien. On pensa que le Corps législatif, dont la majorité était évidemment opposée à cette politique nouvelle, serait dissous après la session. Lorsque ces bruits de dissolution du Corps législatif parurent prendre une certaine consistance, ces pages furent écrites, loin du bruit de l'Exposition universelle, où les inutiles splendeurs des cortéges princiers jetaient leur trop vif éclat sur les sévères beautés de l'industrie de tous les peuples.

Puis, les bruits ayant cessé, les lois sur la presse, le droit de réunion et la réorganisation de l'armée ayant été mises en élaboration, l'auteur attendit.

Un an s'est écoulé. De nouvelles élections se préparent, et, d'après des rumeurs qui prennent une consistance chaque jour plus sérieuse, l'année 1868 ne s'écoulerait pas sans que le peuple français fût appelé à se prononcer par son suffrage. La lettre du 19 janvier a été protestée ; le ministère comme les Chambres ont retiré au pays à peu près tout ce que le Souverain avait considéré comme nécessaire. Ces réflexions trouvent donc naturellement leur place, dans un moment où tous les esprits s'interrogent, moins satisfaits du passé, moins confiants dans l'avenir.

LES FAINÉANTS

ou

LA GÉNÉRATION ACTUELLE

Uno avulso... deficit alter.

C'est toujours une chose grave que de supprimer une existence. Qu'on prenne l'homme le plus apathique, le moins soucieux de sa dignité ; qu'en échange de sa volonté, de sa liberté, de sa pensée, on lui octroie le bien-être le plus complet, fût-il l'homme le moins homme, *homo, non vir*, il viendra un moment où il se fatiguera de cette quiétude, et, comme Adam au Paradis terrestre, sacrifiera son bonheur pour agir une fois selon son libre arbitre.

Mais quand il s'agit d'une génération entière, comment peut-on penser que les progrès matériels lui suffiront, qu'une tranquillité forcée lui paraîtra satisfaisante, et qu'elle entendra de sang-froid un pouvoir, si fort, si grand qu'il soit, lui dire : Tu resteras inutile ! Tu n'es pas apte à l'action ! Seuls, les hommes déjà vieux peuvent parler ; seuls, ceux qui sont encore enfants peuvent agir. Pour toi, vote, travaille, paye, et en échange je te donnerai les moyens de t'enrichir, si tu es sage !

Voilà malheureusement où nous en sommes. Je ne veux point ici parler le langage de la passion. Compris moi-même dans la génération dont je revendique les droits, électeur, éligible, et père de famille, je ne retiens que deux de ces qualités, et je viens essayer d'expliquer les votes que je donnerai désormais, comme électeur, ainsi que les idées qui me dirigeront dans l'éducation de mon fils. C'est dire comment je comprends mes devoirs de citoyen et de père.

I

« Un bon père de famille est un mauvais citoyen, » a dit Cicéron. Mais comme nous sommes loin de cette époque, comme la famille chrétienne diffère essentiellement de l'agglomération autocratique, qui du temps de Cicéron s'appelait famille, je ne crois pas que ces deux nobles titres soient incompatibles. Au contraire, le père de famille doit maintenant être plus d'une fois citoyen, puisque, en observant lui-même strictement ses devoirs, il se sent obligé de les enseigner à ses enfants. Je ne pense donc pas que la réunion de ces deux grandes dignités crée un antagonisme entre les devoirs qui concernent la patrie et ceux qui regardent la famille, mais, au contraire, une raison de perfectionner, de compléter ces devoirs l'un par l'autre, pour arriver d'un même effort à la cohésion de la famille et à l'unité de la patrie.

Et si, sous l'empire de cette idée toute moderne, j'examine la situation actuelle, je me sens plongé dans un singulier embarras.

J'ai en effet, comme citoyen jouissant actuellement de mes droits, à coopérer, dans la mesure de mes forces et de mon action, à l'établissement du régime sous lequel vivra mon fils, citoyen futur.

J'ai, en outre, à préparer, à façonner mon fils au régime que je prévois être celui sous lequel il vivra.

Or, si je me reporte aux instructions du passé, je vois que depuis 1789 aucun pouvoir n'a duré plus d'une génération. République, Directoire, Consulat, Empire, Empire presque constitutionnel, Restauration libérale, Restauration rétrograde, Monarchie parlementaire, nouvelle République, nouvel Empire, d'abord absolu, puis mitigé, n'ont ni l'un ni l'autre assez vécu pour qu'on ait eu le temps de se façonner à leur fonctionnement, encore moins d'y accoutumer ces jeunes têtes qui sont l'avenir. Je laisse donc le passé, n'étant pas homme de parti (pour donner un second démenti à Cicéron, qui prétend que « celui qui n'est d'aucun parti n'est pas un citoyen) (1), » et par conséquent prenant les choses telles qu'elles sont, ne recherchant ni origines, ni souvenirs, je me dis : « pour être bon citoyen, faut-il s'attacher à l'Empire? » Répondons : Oui.

Rien ne soulage comme de sortir de l'indécision, et de se tracer une ligne de conduite. Je suis donc tranquille pendant quelque temps. Mais ce fatal esprit d'examen qui, dit-on, a été inventé par Luther, et qui existe naturellement dans l'âme de tout Français, vient de nouveau me tourmenter. Si j'étais pour l'Empire avant 1860, suis-je conséquent en votant pour l'Empire après 1860? Et en supposant que ma foi ait persisté jusqu'après 1860, doit-elle rester aussi solide après la lettre du 19 janvier 1867?

Après mûre réflexion, je conclus à l'affirmative. Je me dis qu'un peu de liberté ne peut pas nuire, surtout si j'en profite. Alors j'essaye. On parle de liberté de la presse ; je vois une pénalité excessive, quelquefois infamante : mais enfin je suis libre de m'y exposer ; c'est déjà quelque chose.

Je demande l'autorisation d'ouvrir une conférence, c'est-à-dire l'autorisation de parler ma pensée. On me refuse. Entendons-nous bien : on peut me refuser ; ce qui suffit. Je connais un animal très-libre..... quand je ne lui montre pas le fouet : c'est mon chien.

Soit. Je veux bien accepter ce rôle. Me voici orné de la muselière administrative, et prêt à me soumettre au fouet si je l'ai mérité. Je pense alors que, ces concessions faites, mon dévouement prouvé, je pourrai travailler au bien de la chose publique. Que, si j'ai quelque talent spécial, quelque aptitude marquée, je pourrai signaler ici un abus à réprimer, là, du bien à faire.

(1) L'orateur des Philippiques et des Catilinaires était bien exclusif, et il me semble qu'entre Marius et Sylla, comme entre Octave et Antoine, les honnêtes gens pouvaient fort bien ne choisir ni l'un ni l'autre.

Quelle erreur ! Des abus, Monsieur? où voyez-vous des abus? Voulez-vous renverser le Gouvernement? — Mais cependant le maire de S....

— Pas de mais, ni de cependant. On a dit au maire de S.... de faire ce qu'il a fait.

— Mais le garde champêtre de T...

— Allons ! qu'avez-vous à vous occuper des gardes champêtres? Est-ce que vous entreriez dans les rangs de l'opposition?

— Non, non. Laissez-moi toutefois vous dire que le concierge du château impérial de V....

— Mon cher, vous n'êtes qu'un anarchiste.

Je me tais, abasourdi. Je relis la Constitution, ce qui ne calme pas mon étonnement, et je me tourne d'un autre côté. Je veux signaler du bien à faire. Cette fois, on me rit au nez.

Partout les mêmes obstacles, et il en est malheureusement de même pour tous ceux qui composent la génération actuelle. C'est un parti pris, bien pris, de choisir pour faire le travail, ceux qui ne connaissent plus l'état actuel des esprits, et, pour faire le bruit, ceux qui ne le connaissent pas encore. On arrive ainsi à faire, comme dit le proverbe, plus de bruit que de besogne ; et même, à défendre la mauvaise besogne par un vilain bruit.

Cette singulière compensation prend toutes les proportions d'une théorie.

Que dis-je? Mais c'est une théorie tout entière, et qui n'est pas difficile à expliquer, comme on va le voir.

II

La France a eu beaucoup de premiers ministres ; mais, pour ne pas remonter trop haut, je ne nommerai que Sully, Richelieu, Mazarin et Colbert. Je laisse de côté Catherine de Médicis qui, cependant, avait une formule assez accentuée : « Une tête de saumon vaut mieux que dix mille grenouilles, » et j'établis que chacun de ces premiers ministres suivait un programme peu compliqué. Pour Sully, c'était : « Labourage et pâturage sont les deux ma-

melles de l'État ; » premier ministre exclusivement économiste (1).
Pour Richelieu, qui ne parlait guère, il cherchait, par l'anéantisse-
ment de la féodalité protestante, à détruire en France les partisans
de l'Allemagne et de l'Angleterre. Mazarin disait : « Ils chan-
tent, ils payeront » ; il ruinait les bourgeois pour les empêcher
de recruter la noblesse. Colbert « modérait le Trésor, » en bon
administrateur. Sully, Richelieu, Mazarin, Colbert ont réussi.

C'est qu'au temps où ils vivaient, les problèmes à résoudre se
présentaient sous une forme absolue, cristallisée pour ainsi dire.
Une face étant donnée, on connaissait toutes les autres faces. D'ailleurs, ils avaient affaire à une nation dont la conscience n'était pas
encore faite, et qui, par conséquent, laissait penser pour elle. La
poule au pot faisait oublier l'échafaud de Biron, la prise de la Ro-
chelle, celui de Montmorency, et l'on ne songeait guère que le duc de
Beaufort, roi des Halles, était à Vincennes, quand Anne d'Autriche,
se réfugiant à Saint-Germain, n'achetait plus de primeurs sur le
carreau du marché des Innocents. Pour Colbert, il faisait pendre
quelques traitants, spectacle toujours doux au peuple.

Dans ces données, ces ministres firent la France grande. Ceux
qui vinrent ensuite, voulurent faire le roi maître, et arrivèrent tout
droit à 1789, pour tomber en 1793.

Depuis, nous avons eu deux premiers ministres. M. de Polignac,
qui semblait avoir pris pour devise : « Advienne que pourra ; » et
M. Guizot, qui portait sur sa bannière : « Enrichissez-vous. »
M. Guizot a eu moins de succès que Mazarin, ce qui prouverait que
la France aime encore mieux payer, que de penser seulement à
s'enrichir.

Or, maintenant nous possédons un premier ministre ; cette qualité
ne lui est pas constitutionnellement reconnue, c'est vrai ; mais il
ne faut pas discuter sur les mots. M. Rouher, qu'on a appelé
grand-visir, maire du palais, vice-empereur, est, si l'on applique la
vieille langue aux choses nouvelles, un premier ministre. Au premier abord, cela ne me paraît pas plus étonnant que de voir dans
l'histoire les noms que j'ai cités. Et, bien que je ne pense pas à dis-

____

(1) Ajoutons *économe*, ce qui n'est pas la même chose.

cuter le talent, la science de M. Rouher, je n'hésite pas à le mettre au-dessus, comme science et talent, de Richelieu et de Mazarin; de même que je crois, sous ces deux points de vue, un élève de l'École normale ou de l'École polytechique supérieur à Charlemagne. Quant au génie, je m'avoue incompétent, et surtout trop bienveillant pour juger d'après le succès.

Si je prends des termes de comparaison dans les temps actuels, je vois M. de Bismarck, premier ministre qui réussit; M. Gortschakoff, premier ministre qui a réussi, et M. de Beust, premier ministre qui est en voie de réussir. Mais chacun d'eux aussi a un programme tracé, simple, presque brutal. M. de Bismarck : « L'Allemagne *pour* la Prusse » (il dit : *par*) ; M. Gortschakoff : « Le Testament de Pierre le Grand » avec variantes de massacres et d'insolences ; M. de Beust : « L'unification de l'Autriche, » Pour eux, le reste n'est qu'accessoire.

En sommes-nous là? M. Rouher peut-il formuler son programme en deux mots, ou en dix? Si, moi, simple citoyen, je me sens embarrassé, quand il s'agit de voter pour l'Empire du 19 janvier 1867, après avoir voté pour l'Empire de 1860, succédant à l'Empire de 1852, quelle ne doit pas être l'angoisse « patriotique » de M. Rouher, quand il s'agit d'opérer, après s'y être opposé, les transformations qui me troublent à ce point? Un programme, deux programmes, trois programmes! Et, de même que mon vote de 1852, par les circonstances spéciales dans lesquelles je l'ai donné, détermine beaucoup mon appréciation de 1860, et un peu mon opinion de 1867, j'ai bien peur que la politique de M. Rouher en 1852, très-vivace en 1860, n'ait encore de profondes racines en 1867.

Mais là n'est pas la question.

Reprenons donc notre comparaison entre les illustres personnages du passé et du présent que nous avons nommés et M. Rouher.

III

Se renfermant dans le programme tracé, ces grands ministres n'avaient et n'ont besoin de connaître que les choses strictement

renfermées dans ce programme. Pour le reste, peu importe qu'à
côté d'eux s'élèvent des spécialités hors ligne, aussi éclatantes dans
une sphère secondaire que l'astre principal. Au contraire, la pon-
dération s'établit avec plus de solidité, d'ampleur. Chacun d'eux
n'est un tout que parce qu'il prend tout, s'assimile tout. Quel
éclat Colbert donne et prépare au siècle de Louis XIV, et cela, sans
Exposition universelle ! Qu'il lui succède un ministre jaloux, Lou-
vois, par exemple, et la gloire s'éteint dans les revers, l'éclat dans
la dévotion morose. Cela finit en dragonnades.

Eh bien ! en raison même de l'extension que M. Rouher est obligé
de donner à son talent, de la multiplicité des faits qu'il embrasse,
il ne peut formuler ce programme qui serait l'affirmation de son in-
dividualité ; il faut qu'il plaide toutes les causes, et qu'il soit, non
seulement le premier ministre, mais le premier dans chaque ministère. Je ne prétends pas ici qu'il sorte de la Constitution, qu'il
occupe un poste non dénommé, non prévu dans l'organisme de
l'Empire ; mais je constate un fait irréfutable. Qu'en résulte-t-il ?
C'est qu'aucun des ministres ne peut être, dans sa spécialité, aussi
fort que M. Rouher ; car alors il y aurait immédiatement conflit,
et le cas s'est présenté plus d'une fois. Le jeu régulier du méca-
nisme actuel exige donc qu'à côté du ministre d'État il ne se trouve
que des ministres qui lui soient subordonnés, et par conséquent
inférieurs, non seulement en éloquence, mais en science administrative ou en science financière. C'est déjà un grand malheur, par
ce seul fait qu'au lieu d'apporter au Gouvernement une nouvelle
force et de nouvelles lumières, les ministres spéciaux n'apportent
qu'un dévouement absolu, et qu'une condescendance à peu près
complète aux volontés du ministre d'État, qui se trouve ainsi toujours seul, bien qu'entouré. Au lieu d'avoir la puissance *onze*,
l'Empire n'a toujours que la force *un*.

Mais en outre, si nous admettons que les ressources d'un seul
homme soient inépuisables pour la lutte parlementaire, nous sommes
bien obligés de convenir que les sciences ont fait trop de progrès, que
leurs applications ont créé trop d'intérêts nouveaux, que les relations intérieures aussi bien que les relations extérieures, se sont trop
compliquées pour que le plus grand ministre du monde puisse diri-

ger tout, embrasser d'un même coup d'œil les besoins matériels des populations et leurs aspirations morales, les nécessités de libertés au dedans, et les exigences de la sécurité au dehors. De sorte que, amené par la situation même à exiger des ministres secondaires qui lui soient subordonnés, c'est-à-dire se reconnaissent par là moins capables que lui, le premier ministre se sent assez secondé pour conserver son pouvoir, et pas assez pour que ce pouvoir soit fécond.

On objectera que, dans notre organisation administrative, le rôle du ministre est moins considérable qu'on ne le pense; que le ministre change souvent, tandis que tout le personnel subsiste avec son accumulation de renseignements et d'informations, sa masse de science acquise. Malheureusement, tout se tient. On a souvent comparé l'État à une pyramide. Dans une pyramide les lignes du sommet déterminent les arêtes dans toute leur longueur, et si ce sommet est effilé, réduit à une seule personne, par exemple, il en résulte que la pyramide entière est étroite comparativement à sa hauteur. En un mot, la pyramide n'a de capacité que selon l'ouverture de l'angle au sommet. Et si, comme on le prétend, notre pyramide est placée sur la pointe, c'est-à-dire en équilibre instable, l'instabilité sera en raison directe de cette étroitesse, de ce défaut de capacité. Une toupie se tient plus facilement sur sa pointe qu'une aiguille, et son équilibre est sûr tant qu'elle obéit à une vigoureuse impulsion. Précisément, en ce moment, la pyramide est très-effilée ; elle ne peut admettre qu'une quantité réservée de capacités, et comme le nombre des individus employés est toujours le même, il s'ensuit que chacun d'eux ne peut avoir qu'un talent fort médiocre. Si, en raison de ses fonctions, le premier ministre ne peut supporter, sans mettre ces fonctions en péril, que les ministres secondaires lui soient supérieurs chacun dans leur spécialité, les ministres secondaires, à leur tour, ne peuvent admettre des directeurs qui aient plus de talent qu'eux-mêmes. L'exigence de médiocrité passe du directeur du personnel à tous les employés. Qui peut dès lors accepter ces postes ? Ce ne sont certainement pas des hommes qui se sentent dans la vigueur de leur talent, dans la plénitude de leurs facultés. Par conséquent l'administration devient l'hôpital des esprits infirmes ou incomplets, et se recrute parmi les jeunes gens qui ne regardent une place du gouvernement que comme une occupation bien portée, grâce à laquelle une vie de désordres faciles est d'avance excusée.

Quant à la génération actuelle, la dernière qui ait été élevée d'après les principes et les méthodes de la vieille Université, elle ne peut évidemment trouver sa place dans ce singulier édifice de valétudinaires et d'écervelés.

I V

Un journaliste disait dernièrement qu'il n'y avait plus d'hommes. Il est certain que ce n'est guère parmi les noms mis en lumière maintenant qu'il faudrait en chercher un cent. Comme Loth à Sodome, on n'irait pas même jusqu'à cinq, et les anges de la gloire risqueraient fort d'être insultés en procédant à cette inutile recherche. Toutefois, je pense que l'honorable publiciste a trop imité les procédés administratifs, et que lui aussi a négligé la génération actuelle. Cette génération souffre, elle est humiliée de son inaction ; loin de s'y complaire, elle rougit de la décadence grossière des arts, de l'infect matérialisme qui se glisse partout, respecté, choyé, adulé, récompensé même ; elle tressaille d'indignation à la vue de certaines défaillances ; elle a aussi ses « angoisses patriotiques » en assistant à cette rapide décomposition d'une société jadis si noble et si grande. Qui s'en doute cependant ? Bannie des conseils du gouvernement, elle veut chercher dans sa propre initiative les moyens de servir le pays. Où sont-ils ? Partout elle se heurte à ces bureaux incapables et insolents, impatients de toute critique, où toute idée généreuse est traitée de folie, quand elle ne paraît pas mériter les honneurs d'une taquine persécution.

S'il s'agit de l'industrie, chacun est réduit à ses propres forces, car les lois sur les Sociétés ont tué l'Association. S'il s'agit de commerce, on est sous le coup de la variation constante des lois de douane. S'il s'agit de littérature, toutes les scènes, tous les feuilletions sont envahis par les administrateurs qui ont des loisirs : sans compter que la censure est là, pour imposer, autant qu'il est possible, à une œuvre marquante le niveau de la médiocrité.

Et d'ailleurs, maintenant, le monopole est constitué partout. La loi le défend, mais les *lois* ont été combinées de telle façon que la petite usine est écrasée par la grande, le petit commerçant par l'entrepositaire. Cette combinaison multiplie, il est vrai, les intermédiaires, et renchérit le prix de toutes choses. Qu'importe ? Ce qu'il faut, c'est que la génération qui passe achève de profiter de tout, et que la nouvelle récolte ne vienne que quand ses fils auront assez grandi pour faucher à leur tour. C'est une coupe réglée ; la génération actuelle vient dans l'intervalle où il est défendu même de ramasser le bois mort.

Aussi quelle est la situation ? On se félicitait dernièrement à la tribune du calme qui régnait dans le pays (1). Oui, tout est calme. Les affaires cessent partout; le commerce s'arrête ; les capitaux s'entassent dans les caves de la Banque ; les fabriques se ferment ; la grève des patrons succède à la grève des ouvriers. Tout est calme ; tout le sera bientôt davantage, car l'accroissement de la population est presque nul, et tandis que la génération qui s'en va cuve ses richesses, celle qui vient se vautre dans une telle débauche que la médecine constate la diminution des facultés génératrices, et que le *moral restraint* de Malthus n'est plus une odieuse théorie, mais un fait forcé. Tout est calme. Il me semble entendre encore une fois ces sinistres paroles : « L'ordre règne à Varsovie! »

Est-ce là ce calme qui vous réjouit ? Non ; vous vous trompez ou vous êtes trompés. La génération que vous croyez morte est vivante et bien vivante ; et ce qui prouve sa force, sa vitalité inextinguible, ce qui atteste qu'elle ne mérite pas vos risibles dédains, c'est précisément son incommensurable patience. Lasse des troubles passés, voyant la France derrière tous les gouvernements, et n'incarnant la France dans aucun, elle attend, comprimant ses pensées. Oh ! la compression ; c'est elle qui fait la force de l'eau, de l'air,

(1) N'oublions pas que ceci est daté de 1867. C'est encore plus grave maintenant, mais peut-être moins calme.

de la vapeur; mais là, sa puissance se chiffre d'avance; on peut mesurer la résistance à la force. Qui oserait calculer la puissance acquise par la pensée repliée, refoulée sur elle-même, battant à chaque instant les parois du cerveau d'où elle ne peut sortir, creusée, fouillée sans cesse, fiévreuse d'abord et rugissante, puis épurée par ce bouillonnement incessant, devenue calme, grave, sereine, presque éternelle! Elle peut attendre, attendre encore; quel que soit l'obstacle, elle deviendra irrésistible, et elle le soulèvera, comme le germe délicat d'une plante naissante écarte une lourde pierre. Chargez encore le fardeau! Maladroits! vous n'avez pesé que de toute votre force! Voilà la pensée qui jaillit, toute fleurie, avec tous ses fruits mûrs. Pourquoi l'avez vous enterrée si longtemps?

Il est bien évident, pour tout esprit non prévenu, que si une classe d'hommes peut être au courant des véritables aspirations du moment, savoir ce qui convient encore des choses du passé, et ce que l'on peut déjà chosir des choses de l'avenir, c'est la génération qui compte de trente à quarante ans, au moment où j'écris. Elle a pu voir, et elle a eu le temps d'apprendre. Elle assiste, réfléchie, à ces évolutions politiques et sociales qui feront du xixe siècle la période la plus effrayante et la plus féconde peut-être de l'histoire. Elle étudie les dernières et terribles convulsions du droit divin et des ambitions personnelles, et voit avec curiosité se développer dans les classes populaires le sentiment de solidarité universelle, que la Révolution de 1789 a semé partout sur les ailes de sa colère, que les armées de Napoléon ont transporté dans toute l'Europe. Elle voit dans l'Exposition universelle, par exemple, autre chose qu'un long et parfois ridicule carnaval; et pendant que les rois défilent en brillant cortége, pour quitter la France hospitalière, quelques-uns, du moins, avec des pensées de rage jalouse et de froide haine, elle s'aperçoit que, par-dessus les aigrettes étincelantes et les casques dorés, de larges mains, robustes et noircies par le travail, s'étreignent au nom de la paix. Mystérieuse contradiction, singulier combat! Le fantôme de la gloire sanglante, de la hurlante Bellone se réfugie près des trônes, tandis que dans la poussière de l'atelier, sur les noires scories de

la forge, la gloire pacifique, Minerve à la branche d'olivier, pure
et souriante, se tient. Elle cherche, cette génération dédaignée, la
solution du problème; elle scrute les intentions; et la souffrance
a été si grande depuis des années, qu'elle sait se contenter d'être
juste, et ne se montre pas sévère.

Seulement elle est bien forcée de conclure que si dans votre
œuvre vous ne vous faites pas seconder par la génération actuelle,
c'est que votre œuvre n'est pas de ce temps.

V

Arrivé à cette conclusion pour moi-même, ayant ma ligne de
conduite, j'envisage l'avenir, pour savoir comment je devrai diri-
ger les pensées de mon fils.

Si vous ne travaillez pas pour l'époque actuelle, travaillez-vous
pour l'avenir?

La question se complique. Si en effet nous avons placé à notre
tête une dynastie impériale, chacun de nous forme une dynastie
de citoyens. Il faut que les deux dynasties marchent parallèlement
dans l'avenir comme dans le passé. Or, que diriez-vous si un
architecte, construisant un édifice, remplaçait une des assises par
quelques pierres placées au hasard, laissant entre elles de grands
vides, et creusait ainsi, tout autour du monument, une large fis-
sure? A coup sûr vous accuseriez cet architecte de ne pas savoir
son métier. Que faites-vous donc, lorsque dans l'édifice national
vous supprimez une génération? Vous créez un abîme formidable;
vous brisez les anneaux de la chaîne; vous rompez les traditions
qui rattachent les dynasties de citoyens à la dynastie impériale.
Comment, dans cette succession d'âges qui se transmettent le flambeau de la vie, vous anéantissez de propos délibéré un des âges,
et vous n'avez pas peur que le flambeau s'éteigne!

Raisonnons de sang-froid. On ne peut nier que la majorité du
Prince Impérial ne coïncide précisément avec la période de matu-
rité de la génération présente. Ceux qui soutiennent actuellement

l'Empire, pour la plupart déjà vieux, seront tout à fait fatigués ; quant
aux jeunes gens qui remplissent vos bureaux, même en admettant
que vous vous fassiez illusion sur leur valeur réelle, ils auront encore trop à apprendre pour pouvoir gouverner. Qu'arrivera-t-il si
vous persistez à écarter les hommes de trente à quarante ans? Qu'ils
seront inhabiles, faute d'habitude, ou hostiles à cause de votre hos-
tilité. Le jeune prince se trouvera ainsi entre deux générations, l'une
usée, l'autre incapable : il sera suspendu au-dessus du vide que
je vous signalais tout-à-l'heure.

Vous me répondrez que l'amour du pays le soutiendra. Oui, oui,
mille fois oui. On votera pour lui, pour son gouvernement. On lui
accordera tout ce qu'il demandera, et moi-même, si j'ai voté non
auparavant, je voterai oui alors, parce qu'il importe avant tout de
consolider un règne nouveau, parce qu'on doit être en avance avec
un jeune prince, parce qu'il faut en de pareils moments que tous
les honnêtes citoyens se liguent contre les passions mauvaises. Mais
ceci admis, est-ce tout? Le vote suffit-il? Sera-ce toujours tout ce
que vous nous demanderez? Eh bien! sachez-le, notre vote sans
notre coopération active, à ce moment-là, ne sera rien. L'établissement d'une dynastie! On en voit malheureusement trop depuis le
commencement du siècle. Le moment critique c'est la première
transmission du pouvoir. On sait que celui qui s'installe sur le
trône a la main vigoureuse : on ne tente rien contre lui; il s'impose
par le vote d'origine, par les grandes choses que lui permet un
pouvoir absolu, par la terreur fondée ou non qu'inspirait le régime
antérieur et qu'on sent prêt à renaître. Peu à peu, il concède, il
octroie des libertés apparentes ou sérieuses, et l'on éprouve un soula-
gement passager qui fait, à tous les moments critiques, oublier la ma-
ladie chronique, persistante, les douleurs sourdes et continuelles.
Mais le jeune prince survient. Par son âge, il sympathise avec les
plus jeunes ; par raison, il consulte les plus âgés. Quant à la génération virile, où peut-il la trouver? Il n'en voit aucune trace, aucun
indice dans l'histoire de son père. Les caractères les mieux trem-
pés, les talents les plus marquants ont été étouffés, plongés dans
l'obscurité la plus profonde ; ceux-là même qui sont sortis de ce long
engourdissement de dix-huit ans, ne l'ont fait que sous l'empire d'un

mécontentement qui les rend suspects, car les incapables accusent toujours les mécontents. Qui prendra-t-il?

En pareille situation, je ne lui donnerai pas mon fils. Moi, revenu de toute illusion, de toute ambition, malheureusement désintéressé dans mon rôle de citoyen, ne voyant dans le gouvernement ni la satisfaction des aspirations libérales, ni celle des activités rassurantes, je pourrai bien engager le reste d'une vie qu'on a rendue inutile; mais qui m'autorise, à vouer mon enfant à une pareille destinée? Ma pensée de tous les instants, au contraire, ne sera-t-elle pas de lui expliquer pourquoi son père n'a rien pu faire, n'a rien été, ne laisse aucun nom? De lui signaler tous les obstacles qui m'ont empêché d'être un grand citoyen, et d'écarter de ma tête le reproche d'incapacité qu'il pourrait être tenté de m'adresser! Que d'autres me sacrifient, je puis m'y soumettre; mais me demander de renouveler le sacrifice d'Abraham! Ah! pour cela, il faudrait me ramener à des temps un peu plus primitifs que les nôtres.

VI

Et voilà où se trouve non pas la seule, mais la plus grande, la plus dangereuse erreur de M. Rouher. Il conduit un gouvernement dynastique comme un gouvernement personnel. Il laisse l'avenir au hasard. Au lieu de s'occuper de ménager cette difficile transmission du pouvoir, au lieu de chercher dans la génération tout ce qui n'intrigue pas, ne se livre pas à de ridicules plaisirs, moins ridicules encore que la vanité qu'on en tire, il croit à la cohésion des avidités. Il ne veut pas voir que si la littérature devient une coterie, l'industrie un monopole, le théâtre une succursale des maisons de fous, c'est que partout son système s'étend, que partout le personnalisme s'empare de quiconque a un semblant de pouvoir sur d'autres; que le bonheur insolent et inexplicable de certains individus partis on ne sait d'où et arrivés on sait trop comment, n'est qu'une confiscation des droits légitimes d'une collectivité, et que partout, comme dans le gouvernement, il s'établit entre le chef et les admi-

nistrés une série d'intermédiaires ayant pour but non pas de faci-
liter le travail en le distribuant comme il convient, mais d'élever
une barrière qui empêche les représentations d'arriver d'en bas, les
bons mouvements partis d'en haut d'atteindre leur but.

Voilà l'étrange spectacle que nous considérons, calmes et patients,
sûrs, quoi qu'on en dise, de la vitalité de la France. Nous nous dé-
sintéressons, parce qu'on se désintéresse de nous, système qui peut
offrir ses facilités, mais non donner des garanties. Fainéants par
force, au moins nous abstenons-nous de ces agitations qui passent
pour de l'habileté, de ces intrigues qui remplacent le travail, et ce
ne sera peut-être pas la génération qui aura été la plus inutile au
bonheur futur de la France, que celle dont on dira : Elle a su
souffrir !

Paris. — Imprimerie de Paul Dupont, rue de Grenelle-Saint-Honoré, 45. (2106—5,8)